MW00715270

À votre santé!

Marie Turcotte
Rédactrice en chef

Sharyl Cole
Auteure principale

Susan Sheridan
Auteure

gagelearning

© **2001 Gage Learning Corporation/Corporation d'apprentissage Gage**

164 Commander Blvd., Toronto, ON MIS 3C7

Nous reconnaissons l'aide financière du gouvernement du Canada par l'entremise du Programme d'aide au développement de l'industrie de l'édition pour nos activités d'édition.

National Library of Canada Cataloguing in Publication Data

Cole, Sharyl
    À votre santé

(Tout ados 1)
ISBN 0-7715-3748-4

1. French language – Textbooks for second language learners - English speakers.* I. Sheridan, Susan, 1967- .
II. Turcotte, Marie. III. Title. IV. Series

PC2129.E5C565 2001   448.2'421   C2001-930129-4

ISBN 0-7715-3748-4
    2 3 4 5 MP 05 04 03 02 01

Écrit, imprimé et relié au Canada

Chargée de projet : Caroline Kloss
Équipe de la rédaction : Chris Anderson, Art Coulbeck, Jane Grigg, Laura Jones, Sandra Manley, Anne Normand, Claire Piché
Directrice du marketing et conseillère pédagogique nationale : Julie Rutledge
Révision linguistique : Doreen Bédard-Bull
Production : Bev Crann, Carrie Theodor
Direction artistique, conception graphique : Pronk&Associates
Couverture : Artbase
Illustrations : Pages 4–7 John Etheridge, Pages 10–12 Craig Terlson, Page 14 Cindy Jeftovic, Page 15 Stephen Harris, Page 17 Dave Whamond
Production sonore : Hara Productions
Production video : The Pinnacle Group
Photographie : Page 1 Artbase, Page 2 haut, centre, à gauche Ray Boudreau, bas Artbase, Page 3 haut, centre Ray Boudreau, Pages 4–7 Artbase, Page 9 Artbase, Page 14 haut Artbase, centre Mike Brinson/Image Bank, bas Rob Van Petten/Image Bank, Page 15 haut, à droite Ronnie Kaufman/The Stock Market/First Light, bas Dennis O'Clair/Tony Stone, Page 16 haut Artbase, bottom Ric Ergenbright/CORBIS/Magma Photo News, Page 19 Ron Chapple/FPG International, Pages 20–21 Ray Boudreau

À votre santé!

Dans cette unité, tu vas créer et présenter un plan d'action pour bien vivre.

Tu vas...

- parler de tes habitudes alimentaires;
- discuter de l'importance de l'activité physique;
- présenter des mini-dialogues;
- faire une présentation orale.

Tu vas...

- lire des lettres de bons conseils;
- lire une bande dessinée et un dialogue.

Tu vas...

- écrire un paragraphe au sujet de ton régime alimentaire;
- créer un horaire personnel d'activité physique.

Dans la cuisine...

En route !

■ Qu'est-ce que tu fais pour être en bonne santé?

■ Complète le questionnaire sur tes habitudes alimentaires et tes activités physiques à la page 6 de ton cahier.   Es-tu en bonne forme?

1.
Michel et Céline rangent les provisions du supermarché. Leurs amis Amin et Léila sont là.

2. Léila est végétarienne. Elle ne mange pas de viande.

Stratégies

Quand tu regardes une vidéo...

Regarde :
- les images!
- les expressions des personnages!
- les actions et les gestes!

Écoute :
- le ton de la voix!
- les mots connus!
- les mots-amis!

Pense à tes expériences personnelles!

3. Michel aime les croustilles et les biscuits.

4.
Amin veut faire un tour en vélo et jouer au football. Il ne veut pas jouer à des jeux vidéo.

Ⓐ Fais l'activité à la page 7 de ton cahier pour identifier les idées principales de la vidéo.

Ⓑ Avec quel personnage de la vidéo est-ce que tu t'identifies et pourquoi?

3

- Quels sont les quatre catégories du *Guide alimentaire canadien*? (Pour t'aider, regarde les pages 22-23 de ton livre.)

- Quelle catégorie préfères-tu? Quelle catégorie est-ce que tu n'aimes pas?

- Réponds aux questions sur *Le guide alimentaire* aux pages 10 et 11 de ton cahier.

Demandez au

Suivez-vous *Le guide alimentaire canadien?*
Le diététiste Christophe Surrie répond
à vos questions.

courriel

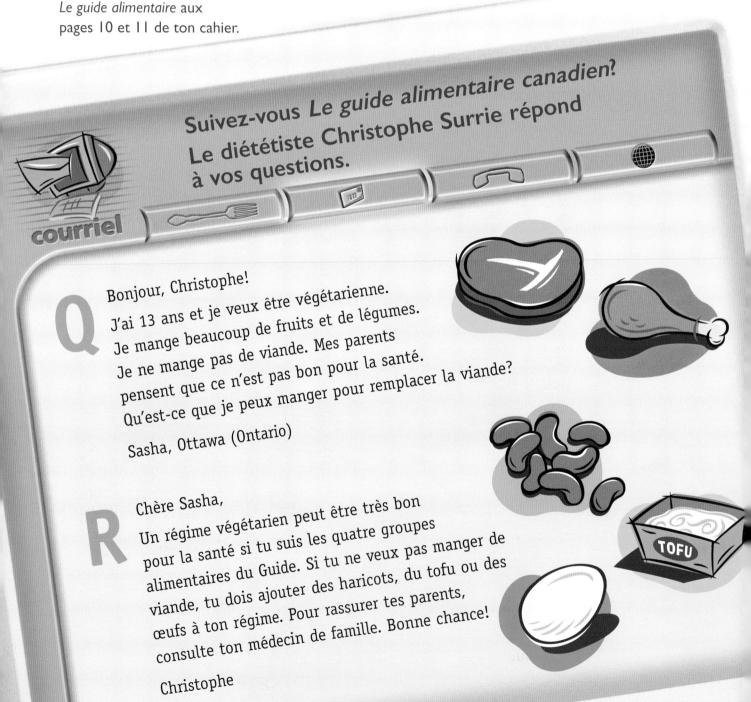

Q Bonjour, Christophe!

J'ai 13 ans et je veux être végétarienne. Je mange beaucoup de fruits et de légumes. Je ne mange pas de viande. Mes parents pensent que ce n'est pas bon pour la santé. Qu'est-ce que je peux manger pour remplacer la viande?

Sasha, Ottawa (Ontario)

R Chère Sasha,

Un régime végétarien peut être très bon pour la santé si tu suis les quatre groupes alimentaires du Guide. Si tu ne veux pas manger de viande, tu dois ajouter des haricots, du tofu ou des œufs à ton régime. Pour rassurer tes parents, consulte ton médecin de famille. Bonne chance!

Christophe

diététiste!

Stratégies

Quand tu lis...

Regarde :
- le titre!
- les illustrations et les photos!
- les mots connus!
- les mots-amis!
- les lettres majuscules!
- la ponctuation!

Vérifie dans le lexique ou dans un dictionnaire!

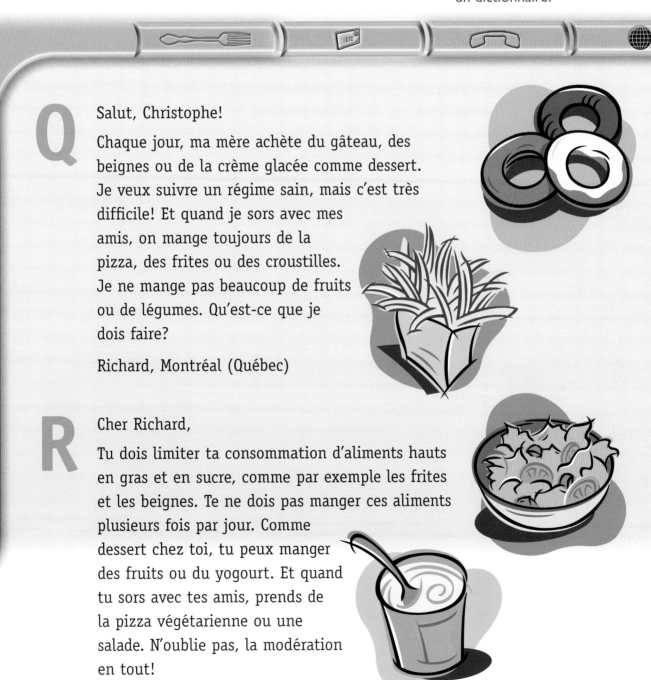

Q Salut, Christophe!

Chaque jour, ma mère achète du gâteau, des beignes ou de la crème glacée comme dessert. Je veux suivre un régime sain, mais c'est très difficile! Et quand je sors avec mes amis, on mange toujours de la pizza, des frites ou des croustilles. Je ne mange pas beaucoup de fruits ou de légumes. Qu'est-ce que je dois faire?

Richard, Montréal (Québec)

R Cher Richard,

Tu dois limiter ta consommation d'aliments hauts en gras et en sucre, comme par exemple les frites et les beignes. Te ne dois pas manger ces aliments plusieurs fois par jour. Comme dessert chez toi, tu peux manger des fruits ou du yogourt. Et quand tu sors avec tes amis, prends de la pizza végétarienne ou une salade. N'oublie pas, la modération en tout!

Christophe

Q Cher Christophe,

J'ai un régime très équilibré. J'aime les pâtes, le poulet et les salades. Mon problème, c'est que je ne veux pas boire de lait. Je préfère boire de l'eau ou du jus de fruits. Mais je sais que les ados doivent boire de trois à quatre portions de lait par jour. Qu'est-ce que je peux substituer au lait?

Marcie, Halifax (Nouvelle-Écosse)

R Chère Marcie,

Tu as raison. Les jeunes de 10 à 16 ans doivent consommer de trois à quatre portions par jour de produits laitiers. Mais cela ne veut pas dire nécessairement du lait. Tu peux manger du fromage, par exemple. Et comme dessert, tu peux prendre du yogourt, de la crème glacée ou des crèmes-dessert. Bon appétit!

Christophe

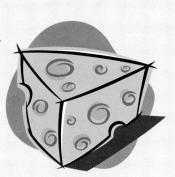

Q Cher Christophe,

Je n'ai pas le temps de déjeuner le matin. Ma mère me donne chaque matin une pomme, un muffin ou une banane quand je sors de la maison, mais je n'ai pas faim! Est-ce une bonne idée de prendre un supplément de multivitamines pour remplacer mon déjeuner?

Shauna, North Bay (Ontario)

R Chère Shauna,

Très bonne question! Tu dois manger le matin parce que ton corps a besoin d'énergie pour bien fonctionner pendant la journée. Un supplément de multivitamines est une bonne idée mais il ne peut pas remplacer de bonnes habitudes alimentaires. Tu dois manger une grande variété d'aliments choisis dans chaque groupe alimentaire du Guide. [Dans certains cas, il est nécessaire de prendre des vitamines, par exemple si on est âgé, mais il faut d'abord consulter un médecin ou une personne spécialisée en nutrition.]

Christophe

Q Cher Christophe,

Est-ce que je mange trop de produits céréaliers?
Chaque jour je mange un bagel, du pain, des
céréales, un muffin, des craquelins, des pâtes ou
du riz. Est-ce trop? Je veux avoir un régime sain
et équilibré. J'ai 14 ans.

Ping, Vancouver (Colombie-Britannique)

R Cher Ping,

C'est difficile de répondre à ta question. Il faut
savoir quels autres aliments tu manges dans la
journée. Mais, en général, un jeune de ton âge
peut manger 12 portions de ces produits chaque
jour s'il est très actif. Mais si tu n'es pas actif, tu dois
limiter le nombre de portions. C'est à toi de juger!

Christophe

Q Salut, Christophe!

Je suis un jeune très actif. J'aime beaucoup les
sports. Je joue au baseball, au hockey et au
soccer. Après mes matchs, je meurs de soif! Je
préfère boire des boissons gazeuses et d'autres
boissons populaires au lieu de l'eau. Est-ce bon
pour la santé?

Lorenzo, Calgary (Alberta)

R Cher Lorenzo,

Les jeunes sportifs comme toi doivent boire de
l'eau, du jus de fruits ou du lait. Les boissons
gazeuses contiennent beaucoup de sucre et
souvent aussi beaucoup de caféine. Ces deux
éléments peuvent avoir des effets négatifs
sur la santé. Consomme ces boissons avec
modération. Et n'oublie pas de boire
beaucoup de liquides quand tu fais du sport!

Christophe

A Utilise les pages 13 à 16
de ton cahier pour
identifier les idées
principales des lettres.

B Partage ces idées.

Étude de la langue

vouloir, devoir + un infinitif

Je **veux** suivre un régime sain.

Ma copine **veut** être végétarienne.

Je **ne veux pas** boire de lait.

Qu'est-ce que je **dois** faire?

Les ados **doivent** boire de trois à quatre portions de lait par jour.

Tu **ne dois pas** manger ces aliments plusieurs fois par jour.

> ▪ Quelles phrases expriment un désir ou une intention?
> ▪ Quelles phrases expriment une nécessité?
> ▪ Regarde le deuxième verbe dans chaque phrase. C'est quelle forme du verbe?
> ▪ Où est-ce qu'on place *ne... pas* pour faire une phrase négative?
>
> **A. Transforme les phrases suivantes selon l'exemple.**
>
> EXEMPLE : Je **mange** beaucoup de fruits et de légumes. (Je dois...)
>
> Je **dois manger** beaucoup de fruits et de légumes.
>
> **1.** Je limite les aliments hauts en gras. (Je dois...)
> **2.** Je bois trois portions de lait par jour. (Je dois...)
> **3.** Je ne mange pas ces bonbons. (Je ne veux pas...)
> **4.** J'ai un régime sain et équilibré. (Je veux...)
>
> **B. En petits groupes**, composez un mini-dialogue. Utilisez les verbes *vouloir* ou *devoir* + un infinitif au moins trois fois. Présentez votre mini-dialogue.
>
> ATTENTION ! Pour plus d'informations, va à la page 24.

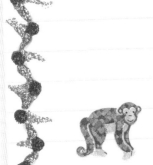

Crée la première page de
ton plan d'action pour
bien vivre. Écris un
paragraphe qui inclut les
informations suivantes :

- Qu'est-ce que tu
  manges d'habitude?

- Qu'est-ce que tu aimes
  manger?

- Qu'est-ce que tu ne
  manges pas?

- Qu'est-ce que tu dois
  limiter dans ton régime
  alimentaire?

- Qu'est-ce que tu veux
  ajouter dans ton régime
  alimentaire?

Pour t'aider, vérifie *Le
guide alimentaire canadien*
aux pages 22 et 23 de ton
livre.

Si tu veux, tu peux utiliser
un ordinateur pour créer
ta page.

Stratégies

Quand tu écris...

Organise ton travail!

Utilise :

- des ressources!

- un modèle!

Fais :

- ton brouillon!

- tes corrections!

- ta copie finale!

Vérifie dans le lexique ou
dans un dictionnaire!

Soyons *actifs!*

■ Un reporter fait un
sondage sur les activités
physiques des gens. Écoute
ces entrevues avec les gens
de cette ville. Quelles sont
leurs activités physiques et
sportives? Fais l'activité à la
page 19 de ton cahier.

A. À deux, associez les phrases suivantes aux actions illustrées.

Elle prend l'autobus.
Tu marches à l'école.
Je regarde la télévision.
Il prend la voiture.
Elles utilisent l'escalier.
Il promène son chien.
Nous allons au parc avec notre petite sœur.

Il fait du jardinage.
Nous jouons au baseball.
Elles jouent au tennis.
Ils font de la natation.
Ils jouent au basket-ball.
Il mange un hamburger.
Il passe des heures devant l'ordinateur.
Je fais de l'haltérophilie.

B. Identifie les bonnes habitudes que tu vois.

C. Choisis une situation et crée un cinquain pour l'expliquer.
Présente ton cinquain à la classe.

D. En groupes de deux, choisissez une des situations illustrées
et créez un mini-dialogue basé sur la situation.

Mes résolutions

Mes mauvaises habitudes

- Je ne fais pas assez d'activités physiques.
- Je passe trop de temps devant l'ordinateur.
- Je ne fais pas attention à mon régime.

Sophie veut changer son style de vie. Elle prend des résolutions pour être active. Regarde sa liste de mauvaises habitudes et son horaire d'activités physiques.

Mon horaire

lundi	mardi	mercredi	jeudi	vendredi
Je vais jouer au basket-ball après les cours.	Je ne vais pas prendre l'autobus pour aller à l'école. Je vais prendre mon vélo.	Rendez-vous avec Victoria. Nous allons faire du patin à roulettes.	Je vais promener le chien après le dîner.	Rendez-vous avec Louise et Annie au centre de récréation. Nous **allons jouer** au volley-ball.

Étude de la langue

Le futur proche

- Est-ce que les phrases dans l'horaire de Sophie parlent du présent, du passé ou du futur?
- Identifie le premier verbe dans chaque phrase.
- Regarde le deuxième verbe. C'est quelle forme du verbe?

- Alors, comment est-ce qu'on forme le futur proche?
- Où est-ce qu'on place *ne... pas* pour faire une phrase négative au futur?

ATTENTION! Pour plus d'informations, va à la page 25.

JOUONS À LA ROULETTE!

- Joue avec un ou une partenaire.
- Tournez les «roulettes» pour choisir une activité physique et un pronom.
- Faites une phrase avec le pronom et l'activité physique. Attention! Vous devez utiliser le futur proche!

jouer au basket-ball

faire de la natation

faire du vélo

elle

je

ils

nous

jouer au hockey

marcher à l'école

jouer au soccer

promener le chien

faire du patin à roulettes

Écris la deuxième partie de ton plan d'action pour bien vivre. Crée ton propre horaire d'activités physiques pour une semaine. Pour t'aider, regarde les questions suivantes :

- Qu'est-ce que tu vas faire après les cours?

- Comment vas-tu aller à l'école?

- Qu'est-ce que tu vas faire avec tes amis ou ta famille?

- Est-ce que tu vas faire du jardinage (ou d'autres tâches) pour aider tes parents?

- Utilise l'horaire de Sophie à la page 12 pour t'aider.

En route !

■ Dans ta communauté, quels endroits y a-t-il pour les activités de plein air?

Stratégies

Quand tu lis…

Regarde :

■ le titre!

■ les illustrations et les photos!

■ les mots connus!

■ les mots-amis!

■ les lettres majuscules!

■ la ponctuation!

Vérifie dans le lexique ou dans un dictionnaire!

Pourquoi est-ce que le Sentier transcanadien figure dans les livres de records? C'est parce que ce sentier est le plus long du monde!

Voici un sentier de loisirs pour notre pays. Le Sentier transcanadien est à nous, les Canadiennes et les Canadiens. Nous pouvons utiliser le Sentier pour nos activités physiques et c'est gratuit!

Le Sentier transcanadien couvre 16 000 km. Il passe dans chaque province et chaque territoire de notre beau pays. Il traverse de grands centres urbains et des petits villages. Il passe par des sentiers qui existent déjà et par des parcs fédéraux et provinciaux.

Le Sentier permet de faire cinq activités principales : la marche, le cyclisme, l'équitation, le ski de fond et la motoneige. Bien sûr, cela dépend de la saison. On ne peut pas faire de ski de fond en été! On ne peut pas faire de motoneige au centre d'une grande ville, non plus!

A Fais un sommaire des idées principales de l'article.

B Fais l'activité de compréhension à la page 22 de ton cahier.

C À ton avis, est-ce qu'il y a assez de sports permis sur le Sentier? Nomme d'autres sports qu'on peut pratiquer sur le Sentier, à ton avis.

D Ta classe décide d'acheter quelques mètres du Sentier transcanadien. En groupes, préparez une liste de choses que vous pouvez faire pour gagner l'argent nécessaire.

E Prépare une affiche publicitaire pour le Sentier transcanadien. Mentionne les activités qu'on peut pratiquer sur le Sentier. Crée un slogan pour le Sentier. Ajoute des illustrations.

Le Sentier transcanadien va contribuer à la préservation de l'environnement et va encourager le tourisme écologique. Il va encourager l'activité physique en plein air. Les activités associées avec le Sentier sont des activités que la famille peut faire ensemble.

Il est possible d'acheter un mètre ou même un kilomètre du Sentier.

Voilà le Sentier transcanadien : une bonne source d'activité physique pour tout le Canada.

- Écoute les phrases suivantes. Est-ce que la personne qui parle exerce une bonne ou une mauvaise influence sur son ami(e)?

- Qui exerce une bonne influence sur toi?

Bonnes influences

UNE ATTITUDE positive

A Analyse les stratégies de Christine aux pages 23 et 24 de ton cahier.

B À ton avis, est-ce que Christine exerce ici une bonne ou une mauvaise influence? Explique ta réponse.

Regarde bien les formes des adjectifs beau et nouveau.

Je veux pratiquer un **nouveau** sport cette année.

Un **bel** uniforme pour un **bel** homme!

J'ai beaucoup de **belles** photos du Sentier transcanadien.

Beau et **nouveau** ont une forme spéciale : ils deviennent **bel** et **nouvel** devant un nom au masculin singulier qui commence par une voyelle ou par un *h* muet.

ATTENTION! Pour plus d'informations, va à la page 25.

Au boulot!

Prépare la troisième partie de ton plan d'action pour bien vivre.

Choisis une des situations suivantes où on décrit un problème. Illustre la situation en forme de bande dessinée. La première personne explique la situation. La deuxième personne exerce une bonne ou une mauvaise influence par sa suggestion.

Tu peux dessiner les gens ou, si tu préfères, découper des photos.

Situations :

▪ Une fille a beaucoup de devoirs, mais veut aussi regarder un match important à la télé.

▪ Un garçon a un dîner sain et équilibré, mais veut acheter des frites.

▪ Un joueur veut quitter l'équipe de basket-ball parce que les autres joueurs sont meilleurs.

Mon plan d'action pour bien vivre

Maintenant, tu vas présenter ton plan d'action à la classe. Pour t'aider, regarde les stratégies de présentation à la page suivante. Quelles aides visuelles est-ce que tu peux utiliser dans ta présentation?

Aides visuelles :

- affiches
- aliments réels
- photos
- équipement sportif
- images
- musique

Ton plan d'action contient les parties suivantes :

- une page sur les résolutions que tu dois prendre pour bien manger;
- une page pour ton horaire d'activités physiques;
- une page pour illustrer les bonnes ou les mauvaises influences.

Relis les trois pages de ton plan d'action. Est-ce que tu veux changer ou ajouter quelque chose? N'oublie pas que ton plan d'action doit inclure les structures de langue de cette unité (les verbes *devoir* et *vouloir* suivis d'un infinitif et le futur proche).

Maintenant, crée une page titre. Tu peux décorer cette page avec des photos ou des images. Utilise ton imagination et amuse-toi!

Remets la version écrite de ton plan d'action à ton prof.

Stratégies

Quand tu fais une présentation...

Regarde tes camarades de classe!

Parle :
- fort!
- clairement!
- de façon expressive!

Change le ton de ta voix!

Ne parle pas trop vite!

Ajoute des actions et des gestes!

Utilise des aides visuelles!

Écoute Robert présenter son plan d'action pour bien vivre. Quelles stratégies de présentation est-ce qu'il utilise?

Bonjour, tout le monde! Je veux vous présenter mon plan d'action pour bien vivre.

MON HORAIRE D'ACTIVITÉS PHYSIQU

Lundi, je vais marcher à l'école.

Mardi, je vais jouer au hockey.

Mercredi, je vais faire de l'haltérophilie.

Jeudi, je vais suivre un cours de natation.

Vendredi, je vais marcher au centre commerc

Samedi, je vais prendre une leçon de karaté.

Dimanche, je vais patiner avec mes amis.

RÉSENTE

D'ACTION

MES RÉSOLUTIONS POUR BIEN MANGER

Je mange beaucoup de...

Je dois limiter ma consommation de...

Je veux ajouter à mon régime...

Le guide alimentaire

CANADIEN

**POUR MANGER SAINEMENT
À L'INTENTION DES
QUATRE ANS ET PLUS**

Savourez chaque jour
une variété d'aliments
choisis dans chacun
de ces groupes.

Choisissez de
préférence des
aliments
moins gras.

Produits céréaliers
Choisissez de préfé-
rence des produits à
grains entiers ou
enrichis.

Légumes et fruits
Choisissez plus souvent
des légumes vert foncé
ou orange et des fruits
orange.

Produits laitiers
Choisissez de préfé-
rence des produits
laitiers moins gras.

Viandes et substituts
Choisissez de préférence
viandes, volailles et
poissons plus maigres
et légumineuses.

Canadä

22

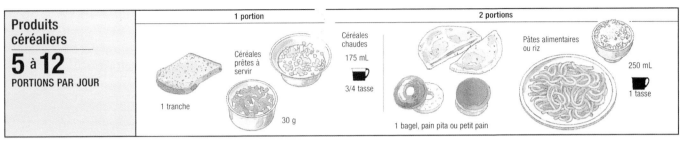

Produits céréaliers

5 à 12

PORTIONS PAR JOUR

1 portion

Céréales prêtes à servir

1 tranche

30 g

Céréales chaudes
175 mL

3/4 tasse

2 portions

1 bagel, pain pita ou petit pain

Pâtes alimentaires ou riz

250 mL

1 tasse

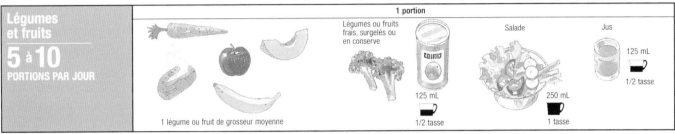

Légumes et fruits

5 à 10

PORTIONS PAR JOUR

1 portion

1 légume ou fruit de grosseur moyenne

Légumes ou fruits frais, surgelés ou en conserve

125 mL

1/2 tasse

Salade

250 mL

1 tasse

Jus

125 mL

1/2 tasse

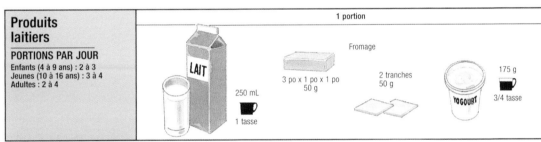

Produits laitiers

PORTIONS PAR JOUR

Enfants (4 à 9 ans) : 2 à 3
Jeunes (10 à 16 ans) : 3 à 4
Adultes : 2 à 4

1 portion

LAIT

250 mL

1 tasse

3 po x 1 po x 1 po
50 g

Fromage

2 tranches
50 g

YOGOURT

175 g

3/4 tasse

Autres aliments

D'autres aliments et boissons qui ne font pas partie des quatre groupes peuvent aussi apporter saveur et plaisir. Certains de ces aliments ont une teneur plus élevée en gras ou en énergie. Consommez-les avec modération.

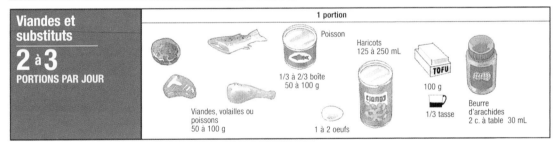

Viandes et substituts

2 à 3

PORTIONS PAR JOUR

1 portion

Viandes, volailles ou poissons
50 à 100 g

1 à 2 oeufs

Poisson

1/3 à 2/3 boîte
50 à 100 g

Haricots
125 à 250 mL

TOFU

100 g

1/3 tasse

Beurre d'arachides
2 c. à table 30 mL

Mangez bon, mangez bien. Bougez. Soyez bien dans votre peau. C'est ça la VITALITÉ MD

Adapté du Guide alimentaire canadien, Santé Canada, 1992

© Ministre de Travaux publics et Services gouvernmentaux Canada, 2000

Étude de la langue

Devoir

Le verbe *devoir* exprime la nécessité.

Exemple : Les jeunes de 10 à 16 ans **doivent consommer** de trois à quatre portions par jour de produits laitiers.

je dois	nous devons
tu dois	vous devez
il doit	ils doivent
elle doit	elles doivent

À la forme négative : Je **ne dois pas manger** de croustilles.

Vouloir

Le verbe *vouloir* exprime un désir ou une intention.

Exemple : Je **veux avoir** un régime sain et équilibré.

je veux	nous voulons
tu veux	vous voulez
il veut	ils veulent
elle veut	elles veulent

À la forme négative : Je **ne veux pas manger** de carottes.

Devoir ou *Vouloir suivi de l'infinitif*

Les verbes *devoir* et *vouloir* sont souvent suivis d'un verbe à l'infinitif.

Exemples : Tu **dois prendre** un meilleur dîner que ça!

Je **veux suivre** un régime sain, mais c'est très difficile!

Le futur proche

Le *futur proche* exprime une action à l'avenir.

Le présent du verbe *aller* suivi d'un infinitif = le futur proche

je vais
tu vas
il va
elle va
nous allons   +   l'infinitif
vous allez
ils vont
elles vont

Exemples :   Je **vais jouer** au basket-ball après les cours.
                    Nous **allons faire** du patin à roulettes.

À la forme négative : Je **ne vais pas prendre** l'autobus pour aller à l'école.

Les adjectifs

Il faut accorder l'adjectif avec le nom.

Masculin	Féminin	Pluriel
un beau chandail	une belle chemise	de beaux chandails
		de belles chemises
*un bel homme		de beaux hommes
*un bel uniforme		de beaux uniformes
un nouveau chandail	une nouvelle chemise	de nouveaux chandails
		de nouvelles chemises
*un nouvel hôtel		de nouveaux hôtels
*un nouvel uniforme		de nouveaux uniformes

*Devant un nom masculin qui commence par une voyelle ou un h muet, on met *bel* ou *nouvel* au singulier.

Les stratégies

Quand tu regardes une vidéo...

Regarde :
- les images!
- les expressions des personnages!
- les actions et les gestes!

Écoute :
- le ton de la voix!
- les mots connus!
- les mots-amis!

Pense à tes expériences personnelles!

Quand tu lis...

Regarde :
- le titre!
- les illustrations et les photos!
- les mots connus!
- les mots-amis!
- les lettres majuscules!
- la ponctuation!

Vérifie dans le lexique ou dans un dictionnaire!

Quand tu écris...

Organise ton travail!

Utilise :
- des ressources!
- un modèle!

Fais :
- ton brouillon!
- tes corrections!
- ta copie finale!

Vérifie dans le lexique ou dans un dictionnaire!

Quand tu écoutes...

Fais attention :
- au ton de la voix!
- aux mots connus!
- aux mots-amis!

Pense à tes expériences personnelles!

Quand tu fais une présentation...

Regarde tes camarades de classe!

Parle :
- fort!
- clairement!
- de façon expressive!

Ne parle pas trop vite!
Ajoute des actions et des gestes!
Utilise des aides visuelles!

Quand tu participes à une activité de groupe...

Parle :
- français!
- à voix basse!

Suis les directives de ton prof!
Écoute les idées de tes copains!
Aide et encourage tes copains!
Concentre sur la tâche!
Finis ton travail à temps!

Lexique

A

une **affiche** *n.f.* poster

âgé, âgée *adj.* elderly

une **aide visuelle** *n.f.* visual aid

ajouter *v.* to add

à l'avenir *expr.* in the future

un **aliment** *n.m.* food item, type of food

alimentaire *adj.* food, eating

une **alimentation** *n.f.* diet

l' **athlétisme** *n.m.* track and field

B

un **beigne** *n.m.* doughnut

boire *v.* to drink

une **boisson** *n.f.* a drink; **une boisson gazeuse** pop

un **bonbon** *n.m.* candy

un **boulot** *n.m.* work

un **brouillon** *n.m.* rough copy

C

un **centre urbain** *n.m.* urban centre, city

une **collation** *n.f.* snack

conserve : en conserve *expr.* canned

la **consommation** *n.f.* consumption

consommer *v.* to consume, eat

le **corps** *n.m.* body

une **course** *n.f.* race; **faire une course à pied** to run a race

les **craquelins** *n.m.pl.* crackers

les **crèmes-dessert** *n.f.pl.* pudding

critiquer *v.* to criticize

les **croustilles** *n.f.pl.* potato chips

D

déjeuner *v.* to eat breakfast

devoir *v.* to have to, must

d'habitude *expr.* usually

un, une **diététiste** *n.m.*, *n.f.* dietician

dis donc *expr.* Say! Tell me!

E

une **entrevue** *n.f.* interview

équilibré, équilibrée *adj.* balanced

l' **équitation** *n.f.* horseback riding; **faire de l'équitation** to go horseback riding l' **escalier** *n.m.* stairs, steps

exercer *v.* to exert (an influence on someone)

exprimer *v.* to express

F

faim : avoir faim *expr.* to be hungry

faire *v.* to do, to make; **faire partie de** to be a member of; **faire du sport** to play a sport

les **fèves au lard** *n.f.pl.* baked beans

figurer *v.* to appear

G

gagner *v.* to win

garder *v.* to look after, baby-sit

un **gars** *n.m.* guy

le **gras** *n.m.* fat; **haut en gras** with a high fat content

gratuit, gratuite *adj.* free of charge

H

une **habitude** *n.f.* habit

l' **haltérophilie** *n.f.* weight lifting; **faire de l'haltérophilie** to lift weights

un **haricot** *n.m.* bean

haut *adv.* high

un **horaire** *n.m.* schedule

I

impressionner *v.* to impress

inclure *v.* to include

J

le **jardinage** *n.m.* gardening; **faire du jardinage** to garden

jouer à *v.* to play (a sport); **jouer au baseball, basket-ball, volley-ball** to play baseball, basketball, volleyball

L

un **légume** *n.m.* vegetable

les **loisirs** *n.m.pl.* leisure activities

M

majuscule *adj.* capital (letter)

malheureux, malheureuse *adj.* unhappy

mauvais, mauvaise *adj.* bad

un, une **médecin** *n.m., n.f.* doctor

mourir *v.* to die; **je meurs de soif** I'm dying of thirst

la **motoneige** *n.f.* snowmobile; **faire de la motoneige** to snowmobile

N

la **natation** *n.f.* swimming; **faire de la natation** to go swimming

les **noix** *n.f.pl.* nuts

O

un **ordinateur** *n.m.* computer

P

partager *v.* to share

les **pâtes** *n.f.pl.* pasta

les **patins à roulettes** *n.m.pl.* inline skates

plein air : en plein air *expr.* outdoors, open air

plusieurs *adj.* several

les **points forts** *n.m.pl.* strengths, strong points

principal, principale *adj.* main, major

les **produits céréaliers** *n.m.pl.* grains and cereals

les **produits laitiers** *n.m.pl.* dairy products

promener le chien *expr.* to walk the dog

les **provisions** *n.f.pl.* groceries

R

raison : avoir raison *expr.* to be right

ranger *v.* to put away

rassurer *v.* to reassure

un **régime** *n.m.* diet

S

sain, saine *adj.* healthy

la **santé** *n.f.* health

un **sentier** *n.m.* path

le **ski de fond** *n.m.* cross-country skiing; **faire du ski de fond** to cross-country ski

soif : avoir soif *expr.* to be thirsty

un **sondage** *n.m.* survey

sortir *v.* to leave; **je sors de la maison** I leave the house

souvent *adv.* often

un **sport** *n.m.* sport; **faire du sport** to play a sport

substituer *v.* to substitute

suivre *v.* to follow (present tense: *je suis, tu suis, il suit*)

un **supermarché** *n.m.* supermarket

T

une **tâche** *n.f.* task, job

le **tennis** *n.m.* tennis; **faire du tennis** to play tennis

traverser *v.* to cross

U

utiliser *v.* to use

V

un **vélo** *n.m.* bicycle; **faire du vélo** to go cycling

la **viande** *n.f.* meat

vivre *v.* to live

vouloir *v.* to want